최병열 시집

주방장은 요리하고
식당주인은 끄적끄적

GAP

최병열 시집

주방장은 요리하고
식당주인은 끄적끄적

추천사

시를 쓰는 착한 마음으로
사람을 대하고
도전하는 정신으로
세상 어려움을 이겨내며,
훌륭한 사람으로
세상에 빛과 소금이 되길.

나마스떼
   엄홍길 대장

추천사

  시간이 흐르고 만물이 변화하는 것은 자연의 섭리이자 진리이다.
  채워짐이 있으면 비워짐이 있고, 오름이 있으면 내림이 있고, 젊음이 있으면 늙음이 있는 법.
  시인의 작품을 읽다 보면 나도 모르게 이 생각 저 생각에 빠져들게 된다.
  그의 관심이 우리가 살아가는 생활 현장 바로 그곳에서 일어나는 사건마다에 있고, 그 세계 속에서 존재하는 자아에 대한 성찰에 있기 때문일 것이다.
  개인의 바쁜 일상에 쫓겨 지나쳐버리거나 혹은 무관심으로 생각조차 꺼릴 일들을 놓치지 않고 곱씹어 보는 시인의 지칠 줄 모르는 활력이 부럽기도 하다. 시인이 가지고 있는 시세계에 대한 관심의 넓은 폭만큼이나 그가 만들어내는 시의 형태 또한 다양하여 이 시집을 통해 서정시가 가진 진솔한 울림을 독자는 폭넓게 감상할 수 있을 것이다.

      전형철(시인, 문학평론가)

차례

추천사 • 4
추천사 • 5

I

쿠키 • 11
식당은 가족이 한다 • 13
팔 공주 • 15
찜갈비 • 17
나의 아빠 • 19
새끼 • 21
나비야 • 23
계단 • 25
다음 계단 • 27
그대의 이름은 • 29
이태리 • 30
포도밭 • 33

II

시인의 생각 • 37
순례자 • 39
풍선 아저씨 • 41
김일 선생님께 • 43
거북이는 뒤집히면 죽는다 • 45
라 • 47
나마비루 • 49
가을하늘 • 51
기적 • 53
돌탑 • 55
일기 • 57
준비 • 59
연상과 바램 • 60
눈 • 65
겨울 하늘 • 67
애도기간 • 69

III

편지 • 73

헷갈림 • 75

봄날의 수아 • 77

취한 사람 • 79

퍼즐 • 81

불행 • 83

샴페인 • 85

수녀 • 87

수업 • 89

순간 • 91

슬픔 • 93

아쉬움 • 95

망각 • 97

먼지 • 99

그리움 • 101

사랑이 흐른다 • 103

우리 사랑은 • 105

잊을 수 있을까 • 107

사랑이었다 • 109

I

쿠키

인생은 쿠키 통이야
맛있게 꺼내 먹으렴

언젠가 즐겁게
쿠키를
다 먹고 나면
행복했던 순간들을
기억하며
쿠키 통을 닫는 거야

식당은 가족이 한다

우리 가게에는 고아원에서
자란 어린 이모가 있다

어느 날 다른 가게 이모랑 말다툼이 났는데
다른 가게 이모가
"엄마도 없는 게 뭘 대들고 있노?"
"너네 엄마 어디 있노?"

우리 막내 이모가 울며 대답한다
'우리 가게에 엄마 많다'고

배가 달라 낯설게 만나도 누구에겐 엄마이고
누구에겐 이모인 이곳
우리 식당은 가족이 한다

팔 공주

올해 생일에도 우리 이모님들은
'생일 축하한다'라는 문구와 함께
'팔 공주로부터'라는
평생 변하지 않는 글씨를 새겨 넣은
케익을 나에게 선물했다

지금은 70이 넘은 이모들이 공주라니...
잠시 웃다가 이모들과의 과거 일상을 기억해 본다
나 어릴 적 땐 이모가 손잡고 육교 건너
국민학교를 데려다주곤 했고,
중·고등학교 때 도시락을 두고 등교하면
점심시간 전 창문을 툭툭 두드리며
사각 도시락을 건네주고 갔었다

그때 이모들은 모두 예뻤다
손님들이 손목 잡고 술 따르라고 그러면
술 따르고 주방에서 조용히 울던 착한 이모들
가끔 마음에 흑백 슬라이드를 끼우면
예전 곱디고운 우리 팔 공주 이모들이
지금도 우리 가게에 예전 모습 그대로 있다

찜갈비

찜갈비를 드시는 대부분 손님이
고기를 먹고 나면 양념으로 밥을 비벼 먹으면서
'고기보다는 양념에 밥 비벼 먹는 맛으로
여기 온다.'라고 얘기하신다

난 카운터에서 자주 들리는 그 소리를
듣고는 가끔 웃곤 한다
그런데 신기하게도 나 역시
친구들이 놀러 와서 같이
찜갈비를 먹게 되면
쫄깃쫄깃한 찜갈비를 먹고 난 뒤
남은 양념에 밥을 볶아먹고는
손님들과 똑같은 생각했다

이름도 봉산찜갈비인 이곳에서
주인공인 찜갈비가
엑스트라 마늘 양념에
밀리는 그 순간
아무것도 아닌 것 같지만 감동스런 순간이다

우리 모두는 엑스트라지만
잘 버티라고 얘기하고 싶다
언제 어디서 주인공이 될지는 아무도
모를 일이니까

나의 아빠

일요일 낮.

식당으로 새 한 마리 푸드덕
손님 많은 홀 안으로 날아들더니,

두 세 바퀴 휘휘 돌고
다시 입구 문밖으로
거침없이 날아갔다.
월욜 오전 9시 20분
나의 아빠는 세상을 떠났다.

새끼

딸을 무릎 위에 앉히며
예쁜 "내 새끼"라고 말했다

딸은 "나는 아빠 새끼"라며
마구 웃는다

그리고는 "작은 사람만 새끼인가 봐"
라며 갸우뚱거린다

'작은 사람' '큰마음'은 오직
아이들 속에만 존재한다

나비야

퇴근할 때 갑자기 나타나 내 앞을 거닐고
집 문을 열면 제집인 양 당당하게 걷는 나비

옷을 벗고 씻는 잠깐의 틈도 못 기다려
'야옹야옹' 귀찮은 불평을 털어 내다가도
품에 안기면 나와 눈을 맞추고 '가르륵'
세상 나른하다

아기로 태어나 아기로 살아
떠날 때도 무지개 다릴 걷는 나비.

누가 먼저든 무지개를 건너면
건너편에서 지금처럼
그 모습으로 기다리자
길냥이 나비야

계단

날 밟고 올라가세요
그냥저냥 기다릴게요.

훗날 당신이 내려올 때
가만히 감싸 안으렵니다.

다음 계단

처음 당신이 나를 밟았을 때
그 무게만큼 아팠어요

그게 반복되고 반복되니
이제는 아무 느낌이 없네요

지금 생각해 보니 예전이
사랑이었나 봐요

그대의 이름은

너는 나에게 인사를 하며
'미안하다'고 말한다

너는 나에게 꽃을 주면서
'미안하다'고 말한다

너는 나를 껴안고 작은 목소리로
'미안해요'라고 말한다

어느 날 물었다
왜 미안하냐고?
넌
더 활짝 웃으며 인사 못해 미안하고
선물이 부족해서 미안하고
더 오랫동안 안아주지 못해 미안하다고

난 그냥 네가 존재해서 고맙고
넌 항상 부족해서 미안하다는

나의 이름은 아빠이고
너의 이름은 딸이다

이태리

맑은 하늘 봄바람처럼 아저씨가 왔어요.

내 이름은 '이태리'입니다
토니 아저씨가 지어 주셨어요
나를 보자마자 귀엽다고
반겨줘서 기분이 좋았어요

같이 포도밭과 올리브밭을 산책했어요
올리브밭 사이로 총총 뛰는 내 모습에
아저씨와 가족들이 환호했어요
이럴 땐 고양이로 태어난 게 감사해요

아저씨 숙소에 놀러 갔어요
침대에 누워서, 이리저리 뒹굴뒹굴
역시 침대는 맨땅보다 편하고 부드러워
잠이 쏟아져요

아침에는 둘이서 멀리 산책을 했어요
몬탈치노 언덕 멀리까지

숙소에 돌아와 아저씨가 아침 먹으러 간 동안
난 몰래 포도밭으로 걸어갔어요
헤어짐은 누구에게나 슬프잖아요

저를 두리번거리며 찾던 아저씨는
하늘을 한참 보더니 식당으로 가셨어요

아저씨도 헤어짐이 슬펐는지
맛난 프로슈토를 두고 갔어요

우리가 처음 만난 그곳에

포도밭

나이 들어 걷기조차 힘들 때가 오면은
작은 포도밭이 있는 시골집에서 살고 싶다

많은 와인을 마시며 누렸던
소중한 시간을 기억하며

와인이 포도에서 나듯이
내 몸이 흙에서 났음을 기억하고

어느 특별한 날
포도 한 송이 따 먹으며
나 태어난 곳으로 돌아가리라

II

시인의 생각

시가 자란다는 건
여행을 떠나는 새들의 모습과 같다
부리에 그리움이란 감흥을 물고
자연스럽고도 평온하게 긴 한숨을 뱉는다
한 번의 날갯짓으로 바람을 밀어내고
그 순간을 영화의 한 장면처럼 간직한다

시가 끊긴다는 건
마음속에서 괴로움이 싹트는 일과 같다
다시는 돌아올 수 없는 역을 떠나는
기차의 모습과 같다

시를 쓴다는 건
바닥에 닿지 않을 것 같은 심해 속으로 하강
그 속에서 가슴을 짓누르는 수압의 통증
진실의 벽을 가두는 캄캄한 동굴 속의 무서움
결국 가슴의 부서짐을 받아들이며
깨어나지 못할 긴 잠을 자는 것과 같다
詩라는 건
사랑을 하는 것과 같다

순례자

그는 손가락이 몇 개 없다
그의 아내는 손가락이 아예 없다
코도 동상으로 일그러졌다
대장님은 발가락 일부가 없고
다친 발목은 평생 꺾을 수도 없다.

태어나면 언젠가는 죽겠지만
죽기 위해 태어나진 않는다
도전을 거부하고 사는 건
부끄럽고 치욕이라는 그들은
한줄기 따뜻함도 없는
빛이 태어나는 히말라야 새벽녘에
홀로 서 있는 누군가이다.

신에게 선택받아 살아 있음을 감사하고
한 사람 영웅으로 곁에 있을 땐 너무나 인간적인
묵묵히 걸어가는 순례자이다.

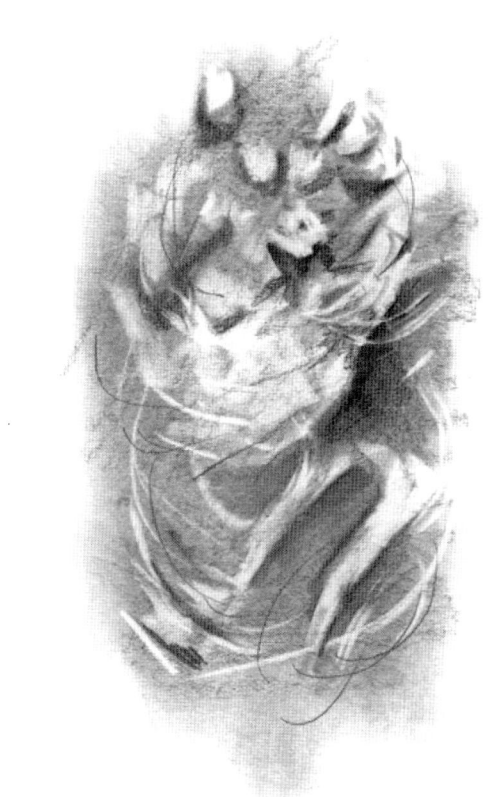

풍선 아저씨

새로 생긴 안경점 앞에 누웠다.
구겨지고 찌그러진 찬 바닥 인생
헛바람이라도 좋은지 살이 부푼다
바람을 잡고 엉거주춤 일어나
하늘을 바라본다

한동안 서 있기만 하던 아저씨
바람이 불자 춤을 춘다
밝은 표정으로
바람이 세차게 불수록
더 신나게 춤을 춘다

바람이 불면 막춤을 추자
더욱 세게 휘청이고 더욱 세게 일어나는
지금껏 본 적 없는 막춤으로
신들린 듯 춤을 추고 나면
바람이 지나가겠지
아픔도 지나가겠지

김일 선생님께

길을 가다 잠시 하늘을 봤습니다
가을 하늘이 참 맑습니다.
오랜만에 높고 넓은 하늘을 보니
문득 당신이 생각납니다.

어릴 적 아버지께 야단맞고
우울한 마음으로 친구 집에 놀러 가면
TV에는 당신이 있었습니다
우리는 언제 그랬냐는 듯이 이불 위에서
당신의 모습을 흉내 내며
뒹굴며 레슬링을 했습니다.

소리 지르고, 웃고 떠들면서 언젠가는
나도 당신처럼 인생의 무대에서
주인공이 되길 꿈꾸었습니다

나이가 들어, 나는 작아졌지만
당신은 여전히 큰사람입니다.
넓은 하늘 같은 당신이 여기 있습니다.

거북이는 뒤집히면 죽는다

거북이는 느리게 걷는다
해초를 뜯고 가끔 하늘을 보고
손과 발을 모으고 잠이 들면
별들은 등을 비추고
잔잔한 바람은 쓰다듬고 지나갔다

어느 날, 거북이가
반짝이는 무언가를 발견했는지
걸음이 빨라지기 시작했다
다른 거북이들도 속도를 내기 시작했다
눈은 충혈되고
호흡은 가팔라지며
느린 세상이 급하게 돌아갔다

그러던 중 거북이 한 마리가 뒤집어졌다.
한반도 일어나지 않던 일.
그 뒤로 두 마리, 세 마리 계속해서 뒤집어졌다
바둥거리는 거북이들 옆으로
반짝이는 무언가를 찾기 위해
수많은 거북이가 미친 듯이 걸어간다

이제 더 이상 하늘을 바라보지 않는다.
별이 빛나는 순간에도,
바람이 등을 스치는 순간에도
그들은 빠르게 걸을 뿐

손을 모으고 눈을 감는 순간은 없다

200년을 사는 긴 시간 동안
걷는 시간이 인생의 전부가 되어
해변에는 뒤집힌 거북이들이 넘쳐났다
그 무리 속에서 나도 걷는다
거북이는 뒤집히면 죽는다

라

나는 너무 작아서 이름이 없습니다
나는 너무 부족해서 존재가 없습니다
나를 보고도 나를 기억하는 사람이 없습니다
나는 작은 나비처럼 작은 바람처럼
히말라야에서 수천만 년 동안 같은 곳에서
나를 지나가는 사람들을 바라만 봅니다
나는 이름을 갖고 싶고
당신에게 의미가 되고 싶은
작은 산 라입니다

*'라'는 우리나라의 '재'와 같은 산과 산을 이어주는 고개와 같은 호칭이다. 라의 높이는 대충 3000미터 이상이다.

나마비루

숨 가쁘게 빠른
세상을 뒤로하고

행복이여 건너가라
나를 통해서

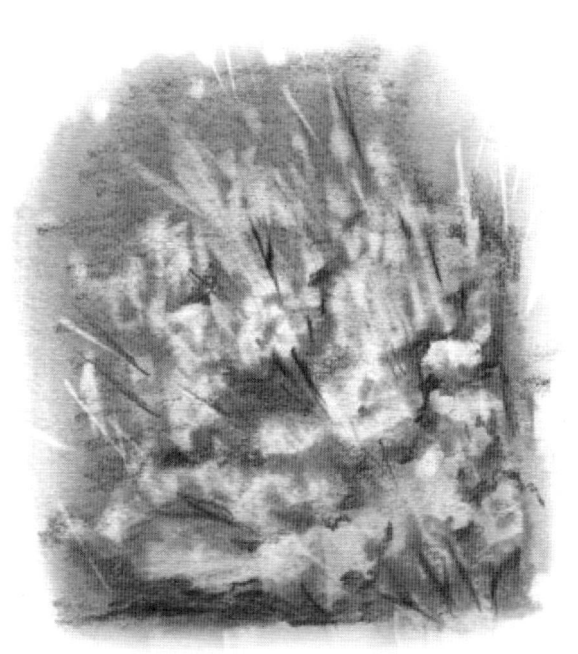

가을하늘

푸른 잔디가 시들어가고
푸른 나무들이 물들어가고

이 푸른빛은 닳아 늦은 저녁
하늘로 올라갑니다

기적

장엄하고도 긴 숲을 날아다니는 새가
아픔과 상처를 닦아줄 다른 새를
만난다는 건
과거와 미래를 통틀어
어떤 일들보다 신비하고 소중한 사건입니다

긴 숲에 잠식된 새는 까마득한 앞만 보고 날기에
바람은 날개를 부추기고 쉬지 말라고 하기에
만분의 일의 기적으로 오는 사건입니다

그런 새를 만난다는 건
숨길 수 없어 터져 나오는 마음과 함께 오는 사건입니다.

돌탑

산을 걷다가 무너진 돌탑을 보니
내 마음도 무너졌다.

내가 쌓은 것도 아니고
그냥 돌탑인데
그냥 돌을 쌓아둔
주운 돌로 만든 탑일 뿐인데

산에 올라가고
다시 내려와도
무너진 돌탑에 머물렀다

일기

내일이면 널 잊을 수 있을까?
내일 일기에도 이렇게 쓰지 않을까?

준비

소중한 누구를 위해 뭔가를
준비한다는 건
파티가 시작되고
선물을 주고
음악이 시작하는 순간보다 소중하다

파티는 화려하지만 취기로 끝나고
선물은 뜯은 후 예쁘게 포장한 것들은 사라지고
음악은 연주가 끝나는 순간 고요 속으로 잠들 테지만

준비하고 기대하고 바라던 것들은
서로의 마음속에 영원할 테니

연상과 바램

1
비가 매일 온다
해마다 장마가 끝날 무렵이면,
'올해 장마는 정말 대단했다'
작년도 이랬나 할 만큼 빨리 과거를 잊는다
난 예전에 누구였으며, 난 예전에 무엇이었을까?
시간을 뒤집어 차근차근 정리한다면
답을 찾을 수 있을까?

2
시간은 서서히 늙고 사라진다
낡은 책 정리하듯 힘들었던 시간을
휴지통에 버리고 싶다가도
가끔은 그때를 뒤적이며
낡아버린 시간을 찾기도 한다

3
힘든 시간이 지나
애벌레는 번데기가 되고
나비가 되면 좋으련만
난 나방이 되었다
작은 날개엔 얼룩 점박이 무늬가 있다
젊은 날 잘못 그린 문신을 지우듯
깨끗한 비누로 닦고
넓은 바닷속에 담궈
푸른빛으로 물들이고 싶다.

4
돌아가고 싶다
그걸 꿈꾸지 않은 자가 누구이며
바라지 않은 이가 있을까?
죽을 땐 나의 어릴 적 모습을 기억하며
눈을 감을 것 같다.
내가 나였던 기억이 있던 시절을 찾아
작은 초를 켜고 그날을 얘기하고 싶다.

눈

눈이 오는 날 기찻길은 참 보기가 좋습니다
역 주변 하얗게 물든 나무와 집들이
꼭 오랜 친구 마음처럼 포근합니다

눈은 군데군데 자기가 앉을 곳을
찾아서 앉은 듯합니다
조금도 많으나 적게 응어리 지지 않고
소복소복 자기 마음을 융단처럼
곱게 깔았습니다

우리의 마음도 눈처럼 맑게 빛나는
고운 융단처럼 따뜻하면 좋겠습니다

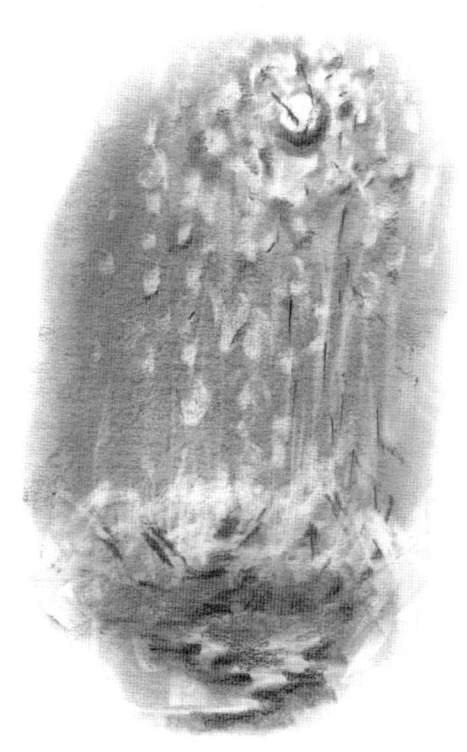

겨울 하늘

눈이 내리는 날
하늘에선 쌩쌩 바람이 불어
하얀 눈 중에
무거운 건 땅에 떨어지고
나머지는 다시 하늘로 간데요
하얀빛 하늘에
조심스레 태양빛이 비칠 때
영혼이 가벼워지길 기도합니다

애도기간

가끔 우리나라 곳곳에는
기한을 정해둔 조기가 걸려있다

슬픔에 기한을 두는 것
그 자체가 슬픔이다

기쁨 슬픔 사랑 미움 같은 감정은
딱 그 시간만큼만 기쁘고 아프고
슬프게 조절된다면 좋으련만,
좋고 나쁜 기억은 시간이
길수록 오래 간직된다

아픈 기억이 아련한 추억이 되기를
떠난 소중한 사람들 오랫동안
기억하는 게 남은 사람들의
별처럼 아름다운 의무가 되기를

III

편지

밤을 새우며
찢고 또 찢어 결국 남는 건 깨알 같은 글씨 한 줄
그 한 줄에 별이 쏟아지는 밤을 담아 보내

민들레 홀씨 같은
애틋함도 남길 수 없어
보낸 것을 후회하면서도
편지를 읽을 그대를 생각하니
쏟아진 별을 담은 밤은
이슬이 되어 젖어든다

헷갈림

너 없이는 살 수 없을 듯하다가도
때로는 너 없이 살 수 있을 듯하다

삶은 하늘거리는 귀녀의 춤인 듯하다
너는 내 삶의 기쁨인 동시에 슬픔

좋아도 헤어질 수밖에 없는 사랑도 있고
사랑 때문에 죽도록 싸우며
못 헤어지는 사람도 있다
우리가 서로에게 어떤 존재이기에

봄날의 수아

따스한 하늘에

흰색 구름이 흐른다
노란색 구름이 흐른다
붉은색 구름이 흐른다
보라색 구름도 흐른다

생각이 참 많다
봄날에는...

취한 사람

누구에게 맞아도
웃고만 있네.

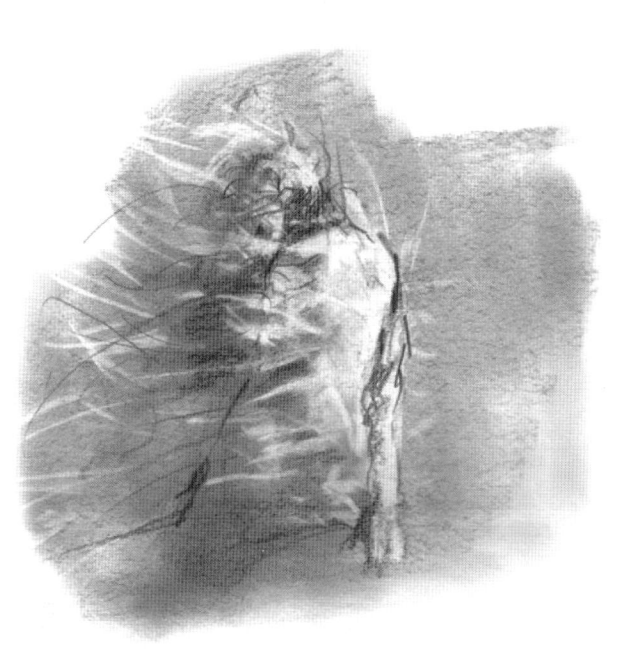

퍼즐

너를 떠날 것이다
너를 떠나는 이유를
너에게 얘기하지 않고
너를 떠날 것이다

지금까지 느꼈던 힘듦과 답답함
그 모든 걸 퍼즐처럼 남겨두고
너를 떠날 것이다

칼날 같은 복수
너를 떠나는 이유를
말하지 않는 것.

불행

세상에서 가장 불행한 사람은
자식을 먼저 보낸 사람이다

세상에서 두 번째 불행한 사람은
자식이 없는 사람이고,

세상에서 세 번째 불행한 사람은
자식에게 잊힌 사람이다

어떨 땐 그 '순서가 반대'라는
생각을 해본다

샴페인

누군가에 의해서 두 번 태어납니다
조용히 지내다가 화사하게
어떤 이는 처음부터 밝게 자라지요
어떤 이는 어둠에서 시작한답니다

그렇지만 생은 빛과 어둠이 항상 교차하는 법
훗날 누가 빛날지는 아무도 모르지요
그냥 세월에 맡겨두고 싶네요

내 자아가 열리는 날
작은 호수에서 삶의 마지막 기운을
조용히 뿜어냅니다
모두에게 얘기하고 싶네요
쉽게 포기하지 말라고.

나를 사랑하는 사람에게
고요히 내려앉아,
소곤소곤 얘기하고 싶어요
난 당신의 별이고 싶다고

수녀

세상에서 제일 아름다운 사람은 수녀다
옷을 입고 있으면 옷장이 텅 비고,
잠을 잘 땐 옷장에 달랑 한 벌

거닐 땐 세상이 빛으로 가득 차고
잠들 땐 모든 어둠이 별빛이 되네.

수업

배우려는 의지로 가슴이 제멋대로 뛴다.
외우면 까먹고 다시 외워보지만
당신은 멀리서 뒤돌아보며
살며시 웃고 사라진다

한 글자 한 글자 기억하는 일은
조금씩 그대에게 다가가는
내 발자국을 남기는 일

사랑이란 단어처럼 배움이란 것도
젊음과 나이 듦이 다르며
사랑이란 단어처럼 배움이란 것은
너와 내가 다르다

순간

당신이 보는 숲은
언제나 모든 것을 포용하고 있습니다
기쁨과 슬픔, 용기와 좌절 그리고
이 긴 그리움과 기다림의 시간도

당신이 보는 태양은
이 모든 것을 한꺼번에 앗아갈 것입니다
그러면 조용과 함께 다가오는
영원의 순간을 맞게 될 것입니다

이 모든 것은 우리가 숲 속에서 예상한 일들이며
이 모든 것은 우리가 숲속에서 바라던 것입니다

숲속에서 예상하지 못하고 바라지 못해
소중한 순간을 맞지 못하는 경우가
우리에게는 없길 바랍니다

슬픔

내 안의 슬픔
내 안의 슬픔
　　·
　　·
　　·
　　·
　　·
모든 슬픔은
내가 만든 슬픔

아쉬움

돌아보고 싶었다
헤어지기 싫었다
    .
      .
     .
    .

지금의 내 모습은
큰 아쉬움 속에서
작은 그림이 되었다

망각

너무 더운 여름날을 지나다 보니
춥다는 말을 평생 까먹을 것 같았다

며칠 비가 오고 새벽 서늘한 바람에
두꺼운 이불을 찾으며 혼자 하는 말

'올해는 덜 추워야 할 텐데'

먼지

먼지를 털려고 옷을 잡고 마구 흔들면
꼭 한군데 안 털리는 곳이 있다.
그곳은 자기 손이 감싸고 있는 자리이다.

나쁜 감정을 털어 내려면
가장 깊은 곳에 있는
마음의 손을 놓아야 한다.

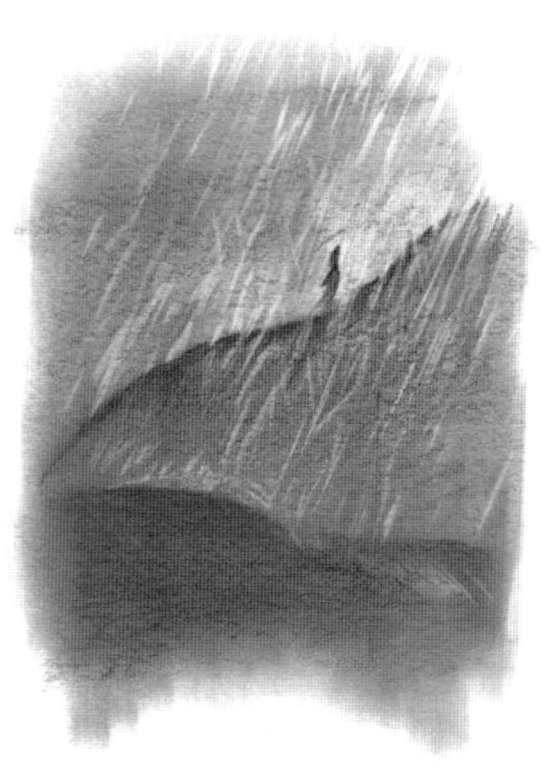

그리움

당신을 생각하다 자라난 한 조각을
마음속에서 떼어냈습니다.
구름이 떠가길래,
그 한 조각 같이 실어 보냈습니다.
당신이 계신 곳에 비로 내리길 바라면서요

그리움이 커튼처럼 비로 내리면
당신을 얼마큼 사랑하는지 알까요

오늘도 그리움은 소리 없이 자라고
그대는 멀리서 먼 하늘만 바라보겠지요

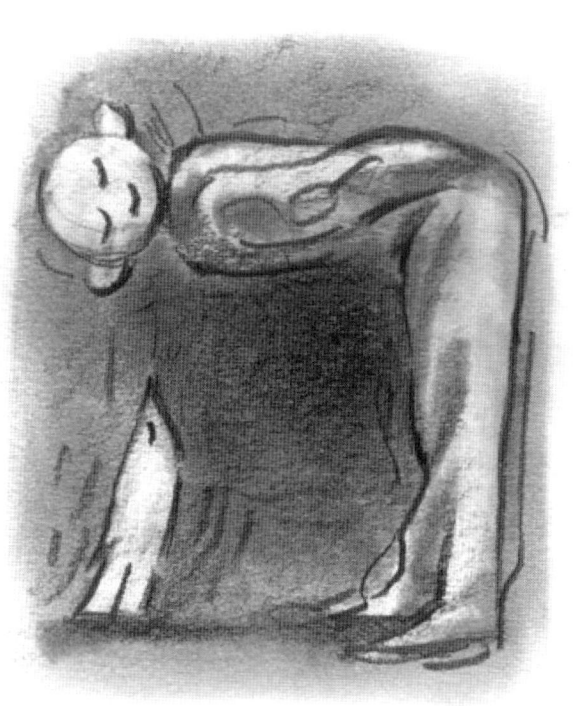

사랑이 흐른다

첫사랑을 통해 사랑에 눈을 뜨게 되었고
딸을 통해 사랑의 의미를 알게 되었고
손녀를 통해 사랑의 소중함을 알게 되었네

세월이 흐르고 사랑도 흐르니
나이 듦이 슬프지 않네

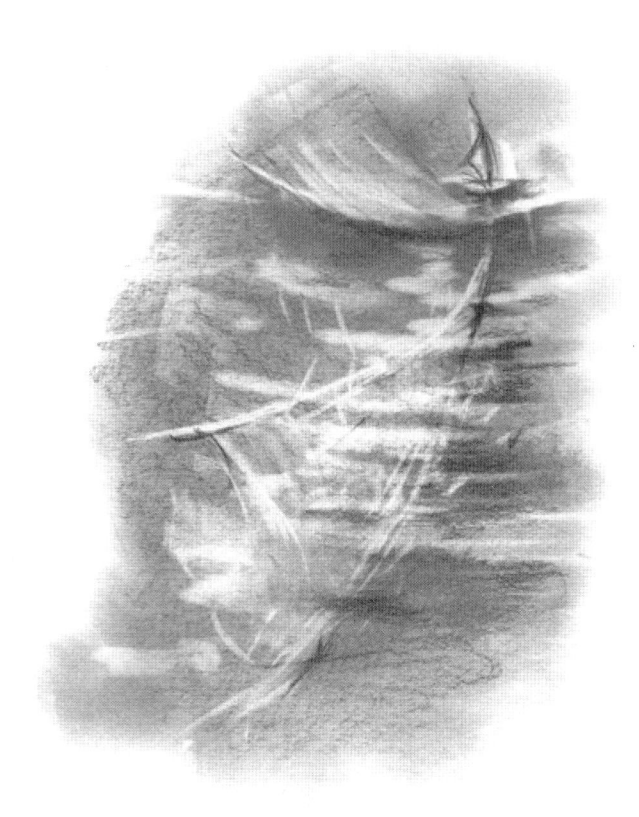

우리 사랑은

우리 사랑은 눈물의 바다 위에
떠 있는 작은 배

365일 중 360일을 매일 울고
5일은 행복에 겨워 울지

슬픔이 언제 가실지
기쁨이 언제 다시 올지
기약도 없이 먼 항해를 하네

잊을 수 있을까

안 좋았던 것만 떠올리자
못되게 쳐다보던 표정

날 미워했던,
상처 주던 말들만 기억하자
그래야 널 잊을 것 같은데
왜 자꾸 눈물이 나지

사랑이었다

너는 내 사랑이지만
나는 너의 사랑이 아니어도 된다

나는 너의 남자지만
넌 나의 여자가 아니어도 된다

너는 나의 꿈이지만
난 너의 꿈이 아니어도 된다

나는 널 떠날 수 없겠지만
넌 언제라도 날 떠나도 된다

사랑이란 단어가 생명을
잃기 전에 내가 죽기를
죽기 전에 '사랑이었다'
말할 수 있기를

최병열 시집

주방장은 요리하고
식당주인은 끄적끄적

인쇄	2025년 2월 5일
초판1쇄발행	2025년 2월 10일
지은이	최병열
펴낸이	전형철
편집	갭
웹디자인	김태완, 송상진
펴낸곳	갭 - 월간모던포엠출판부
후원	월간모던포엠
주소	서울시 중구 수표로4길 27, 상강빌딩 2층
전화	02-2265-8536
팩스	02-2265-0136
손전화	010-9184-5223
이메일	mopo64@hanmail.net
정가	10,000원

* 작가와의 협의하에 인지는 생략합니다
* 파손 및 잘못된 책은 교환해 드립니다
* 이 책의 저작권은 저자와 갭 모던포엠사에 있습니다

☐ MEMO ☐